13 Janvier 1882

TABLEAUX

ANCIENS

DESSINS, GRAVURES

EXPOSITION PUBLIQUE

Le Jeudi 12 Janvier 1882

COMMISSAIRE-PRISEUR

M° PAUL CHEVALLIER, Succ° de M° CHARLES PILLET

10, RUE DE LA GRANGE-BATELIÈRE, 10.

EXPERT

M. CHARLES GEORGE, 12, rue Laffitte.

CATALOGUE

DE

TABLEAUX ANCIENS

DES DIVERSES ÉCOLES

DESSINS, PASTELS, GRAVURES

CADRES

DONT LA VENTE AURA LIEU

HOTEL DROUOT, SALLE N° 3

Le Vendredi 13 Janvier 1882

A deux heures.

———— >>>×<<< ————

COMMISSAIRE-PRISEUR

Mᵉ PAUL CHEVALLIER, Succʳ de Mᵉ CHARLES PILLET

10, RUE DE LA GRANGE-BATELIÈRE

EXPERT

M. CHARLES GEORGE, 12, rue Laffitte

Chez lesquels se trouve le présent catalogue.

———— >>>×<<< ————

EXPOSITION PUBLIQUE, le Jeudi 12 Janvier 1882

De une heure à cinq heures.

CONDITIONS DE LA VENTE

Elle sera faite au comptant.

Les adjudicataires payeront *cinq pour cent* en sus des enchères.

Paris. — Typ. PILLET et DUMOULIN, 5, rue des Grands-Augustins.

DÉSIGNATION

TABLEAUX

BARENT-GAEL

1 — Halte de cavaliers devant l'hôtellerie.

BEGYN (genre de)

2 — Troupeau en marche.

BOILLY

3 — Portrait d'homme.

4 — Étude pour le tableau de la Cour des messageries.

BOURDON (s.)

5 — Saint Jean.

BRAUWER (genre de)

6 — Le Buveur.

BREUGHEL et VAN BALEN

7 — Guirlande de fleurs entourant un médail-
lon représentant la Vierge et l'Enfant-Jésus.

COYPEL (CHARLES)

8 — Achille découvert par Ulysse.

CRAESBEECK

9 — Le Maître d'école.

CUYP (BENJAMIN)

10 — Le Retour de la kermesse.

DOMENICHINO (attribué à)

11 — Portrait d'homme.

DUSSART (CORNILLE)

12 — Les Crêpes.

> Une famille hollandaise, composée de sept per-
> sonnes, entoure une haute cheminée. La grand'-
> mère fait sauter les crêpes.
> Agréable composition peinte dans le sentiment
> d'A. Van Ostade.

EECKHOUT (VAN DEN)

13 — Dignitaire juif rendant la Justice.

FRANCK

**14 — Christ en croix, la Vierge, Madeleine et
saint Jean.**

GUARDI (attribué à)

15 — Vue de Venise.

H. H. B. (initiales)

16 — Après le repas.

HAMILTON

17 — Fleurs, papillons, poissons.

HONDIUS (ABRAHAM)

(DEUX PENDANTS)

18 — Chiens chassant des cigognes.

HOREMANS

19 — Intérieur de cabaret.

20 — Le Repas.

HUET (J.-B.)

21 — Les Bergers. — Petit tableau ovale.

KESSEL (JAN VAN)

2 ! — Trophée d'armures.

KONINCK (attribué à)

23 — Eliézer et Rebecca.

LAFOSSE (CHARLES de)

24 — Christ en croix.

Cadre sculpté.

LAIRESSE (genre de)

25 — Faune et Bacchantes.

M_{lle} LE DOUX

26 — Tête de bacchante.

LE PRINCE

27 — La Collation, scène chinoise.

LE PRINCE (signé)

28 — La Pêche dans le torrent.

LUNDENS (GERRIT)

29 — La Diseuse de bonne aventure.
Composition comprenant un grand nombre de
personnages.

MARATTI (CARLO)

30 — Deux tableaux représentant l'Annoncia-
tion.

MARIO di FIORI

31 — Deux tableaux, fleurs.

MENGS (RAPHAEL)

32 — Portrait d'un prélat.

MEULEN (FR. VAN DER)

33 — Choc de cavalerie.

MICHEL

34 — Paysage avec marchands de bestiaux sur une
route.

MOMPERE (JOSSE de)

35 — Deux paysages avec figures.

MOLA

36 — Angélique et Medor.

MORONE

37 — Portrait d'un gentilhomme à mi-jambes.
Beau tableau.

MURILLO (école)

38 — Portrait d'homme.
Buste.

OCTAVIEN

39 — Réunion galante dans un parc.

PHILIPPE NAPOLITAIN

40 — Deux batailles.

POUSSIN (école de)

41 — Le Sommeil des Nymphes.

RIBERA (GUISEPPE de)

42 — L'Extase de saint François.

RUBENS (école de)

43 — La Charité romaine.

RUYSDAEL (genre de)

44 — Paysage.

SALVATOR ROSA

45 — Une Bataille.

Importante composition.

TENIERS (d'après)

46 — L'Alchimiste.

47 — La Noce flamande.

VALLIN

48 — Jeunes filles à la fontaine.

49 — Bacchus et Ariane.

VIERPYL (Jan-Charles)

50 — Une Mascarade.

Signé et daté 1725.

VOS (Simon de)

51 — Persée délivrant Andromède.

WATTEAU DE LILLE

52 — Les Baigneuses.

WATTEAU (genre de)

53 — Deux pendants : Assemblées galantes.

WOUWERMAN (genre de Pierre)

54 — Halte de cavaliers.

ZUCCARO (Taddeo)

55 — Betsabé au bain.

ECOLE FLAMANDE MODERNE

56 — Le Bénédicité.

57 — Le Confesseur de Rubens.

58 — La Bouquetière.

59 — La Fille du Saltimbanque.

60 — Portrait d'homme, d'après Titien.

60 *bis* — Jeune fille espagnole.

61 — Dame vénitienne.

ÉCOLE FRANÇAISE

63 — Un Sacrifice.

64 — Homère attaqué par des loups.

ÉCOLE ITALIENNE

65 — Antiope et Jupiter.

66 — Deux pendants. — Fêtes champêtres.

ECOLE VÉNITIENNE

67 — La Nativité.

ECOLE GÊNOISE

68 — L'Assomption de la Vierge.

ECOLE HOLLANDAISE

69 — Deux tableaux. — Vieillards.

70 — Marine.

71 — Quatorze tableaux sous ce numéro.

72 — Environ douze tableaux, anciens et modernes seront vendus sous ce numéro.

DESSINS — GRAVURES

73 — BELLANGÉ. — La bataille de Fleurus.

Important dessin à la mine de plomb.

74 — FANTIN LATOUR. — La Vierge Marie.

Pastel.

75 — Lazerges (h.). — Le Sauveur du Monde

Pastel.

76 —   —   — La Sultane.

Pastel.

77 — Deux gravures en couleurs, d'après Le-
prince.

78 — Les Aveugles, de Carle Vernet, par Debu-
court, et deux lithographies de Boilly.

79 — La Curiosité, gravure d'après Brackenburg.

80 — Deux dessins, types d'Incroyables.

81 — Six pièces gravures, fac-similé et dessin.

82 — Deux cadres contenant des gravures de
Callot.

83 — Gravure encadrée : les Vœux accomplis, de
Moreau.

84 — Environ quatre-vingt-dix lots de gravures
et dessins en portefeuille.

85 — Plusieurs dessins encadrés, Ecole fran-
çaise : de Larue, Pater, Charlet, Pariseau,
Saint-Aubin, et divers pastels seront
vendus sous ce numéro.

86 — Un lot de cadres.

87 — Un autre lot.

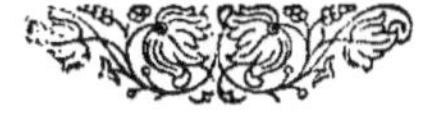